27/12
23

# ÉLOGE

# D'EUGÉNIE DE GUÉRIN

## DISCOURS

QUI A OBTENU UNE MENTION HONORABLE

A L'ACADÉMIE DES JEUX FLORAUX DE TOULOUSE

(Concours de 1867)

PAR M^lle AIMÉE DUMAS

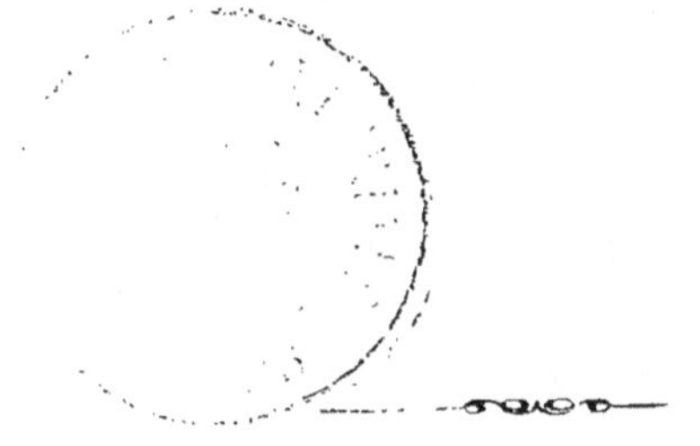

PARIS

IMPRIMERIE DIVRY ET C^e

RUE NOTRE-DAME DES CHAMPS, 49.

1867

« Faire du bien est une jouissance intime
« c'est la moelle du cœur de la femme. »

(Eugénie DE GUÉRIN.)

C'est une bonne fortune pour l'Académie des jeux floraux d'avoir pu donner comme sujet de concours, cette année, l'éloge d'une femme distinguée qui est en même temps une illustration méridionale.

Eugénie de Guérin est une enfant du pays. Elle est née, elle s'est épanouie tout auprès de cette ville, qu'elle nommait avec la noble fierté du patriotisme : « Notre Toulouse, notre ville des troubadours. »

Les fêtes poétiques que le mois de mai ramène pour la cité d'Isaure, Eugénie les a connues et aimées. Il y a trente-cinq ans, elle exprimait sa vive admiration pour un talent que les maîtres du gai-savoir venaient de couronner ; si alors l'avenir s'était entr'ouvert à ses yeux, notre modeste héroïne aurait-elle pu se reconnaître, faisant son entrée dans la savante académie, à un titre plus beau encore que celui de lauréat : à titre de modèle !

Le nom de Guérin, qui retentit aujourd'hui si glorieusement dans cette noble assemblée, les échos du moyen âge nous l'avaient apporté déjà illustré par un troubadour dont la mémoire a mérité de vivre dans les annales de la langue d'Oc. Guarini, gentil châte-lain du Gévaudan, florissait à la cour d'Adélaïde de Toulouse ; chevalier non moins vaillant que courtois, il avait brillé sur les champs de bataille et conquis les lauriers sanglants de la guerre avant de cueillir les palmes de la poésie.

A des siècles de distance, le vieux tronc des Guérin a reverdi, et nous avons vu s'ouvrir sur sa tige féconde une fleur suave, moins séduisante encore par son éclat que par son parfum ; éclose pour ainsi dire à l'ombre de ce sanctuaire de la pensée et du goût, il semble qu'elle y eût sa place marquée d'avance. La douce violette qui s'appelle Eugénie de Guérin, s'allie comme dans un bouquet charmant avec la rose superbe, image de la noble dame qui donna son nom à cette docte Académie.

Et cependant la vie de mademoiselle de Guérin est bien humble et presque obscure ; si on remonte pas à pas le cours de cette destinée, rien de brillant n'apparaît à la surface. Il faut pénétrer plus avant, déchirer l'enveloppe : c'est tout au fond du calice, dans le secret mystérieux de la vie que s'épanche la pure essence de cette âme et que se répand le doux éclat d'un talent privilégié. C'est à tort peut-être que nous semblons distinguer ces deux choses en un pareil sujet : le talent d'Eugénie n'est-il pas surtout dans son âme? On pourrait l'appeler le génie du cœur dans sa pureté ravissante et dans sa naïveté inculte ; c'est une intuition révélatrice, particulière aux esprits d'élite, qui les exalte spontanément devant les beautés de la nature ou les chefs-d'œuvre de l'art : c'est le sens du beau, faculté magnifique innée dans l'artiste, et que possèdent dans sa plénitude ceux-là seuls qui y joignent le regard noble et pur d'une intelligence élevée et les généreux battements d'un cœur chrétien.

L'infini, source de tous nos idéals, abîme sans fond où s'en vont nos rêves, éternité dont nous cherchons à boire d'avance les flots de vie intarissable et l'intarissable lumière, l'infini se manifeste surtout à l'âme humaine par deux caractères pleins de séduction : la bonté et la beauté, c'est-à-dire par le double rayonnement du génie et de la vertu. Et comment n'affirmerait-on pas que le génie n'arrive à ses hauteurs les plus sublimes que lorsqu'il s'élève sur les ailes puissantes de la vertu? Les essors les plus hauts sont toujours les plus purs, et qu'on écrive avec une plume, avec un pinceau, ou avec des sons, ce qui émeut une âme, la ravit et l'ébranle dans ses profondeurs est un accent tombé d'en haut dans un cœur plus que les autres dégagé de la matière, une image divine dévoilée à un regard plus pénétrant, et que tous deux, le cœur et le regard, expriment avec les saints respects de l'admiration et de l'amour.

Quand Vauvenargues a dit : « Les grandes pensées viennent du cœur, » il a voulu signaler la conscience morale plus encore que la sensibilité comme source des nobles inspirations. Oui, les grandes pensées viennent du cœur, et elles sont d'autant plus grandes que le cœur lui-même est élevé ou s'élève vers le type de la grandeur : Dieu, le souverain parfait.

Eugénie de Guérin a puisé à ce foyer sacré les éminentes qualités qui l'ont rendue digne d'être louée au sein de cette illustre académie ; nulle femme dans sa province, depuis cinquante ans, n'eut plus de titres qu'elle aux palmes littéraires et au prix de vertu. C'est qu'elle est en effet la personnification touchante du bon dans son cœur de femme, et l'expression séduisante du beau dans son esprit d'écrivain ; aussi, quand nous aurons montré le beau et le bon s'unissant dans les tendresses de cette âme et dans les grâces de cette intelligence, dans des proportions rares, nous n'aurons pas seulement fait connaître notre héroïne tout entière, mais un des plus aimables chefs-d'œuvre de la main de Dieu.

Nous considérerons donc Eugénie de Guérin sous deux aspects principaux : la femme et l'écrivain.

I

Et d'abord la femme.

Oh! comme elle est grande et forte! Comme elle est admirable à contempler dans ce foyer béni dont elle est l'ange visible, et où elle fait resplendir les charmes d'une vertu élevée, d'une piété profonde et du plus agréable caractère. Jetons un regard dans le manoir solitaire qui encadre cette belle existence.

Eugénie de Guérin descendait d'une ancienne famille noble originaire de Venise, qui, depuis des siècles, s'était fixée dans le midi de la France. Le nom de Guérin porté, comme nous l'avons dit, par un troubadour, fut encore célèbre aux croisades ; il donna des cardinaux à l'Église, et l'on connaît un évêque, plus tard chancelier de France, que la reine Blanche mit à la tête de son conseil.

C'est de la dernière branche de cette noble race, devenue pauvre, mais restée fière et digne, que naquit Eugénie de Guérin, en 1805, au château du Cayla, près le village d'Andillac, à quelques lieues d'Alby.

Le vieux castel est bâti sur une hauteur qui domine une belle vallée, arrosée par le ruisseau de Vère, dont le cours remonte par delà le Cayla. L'aspect du paysage est triste ; il semble que l'on soit loin des

homm es et de tout monde habité; mais si c'est un désert, le désert se transforme quand le printemps fait
reverdir les saules et les peupliers du chemin, les
champs et les prairies d'alentour. Pour les âmes poétiques, une nature ainsi gracieusement mélancolique
a un charme puissant. Eugénie devait le sentir au suprême degré; elle était faite pour vivre dans la solitude, et elle disait avec l'élan d'expansion qui lui était
familière : « Je suis heureusement née pour la cam-
pagne!... » Elle y a passé sa vie, ne désirant rien
autre chose pour elle-même, s'oubliant toujours pour
penser à tous : elle était le rayon de soleil de son
vieux père et la joie de toute sa famille.

M. de Guérin supportait péniblement son veuvage
prématuré; il se sentait tristement seul pour élever
de jeunes enfants, et, à ces sollicitudes de cœur, se
joignait la dure épreuve d'une noble pauvreté. Parfois le courage l'abandonnait, et alors il devenait
sombre. Durant ces heures de défaillance, Eugénie se
montrait avec lui plus attentive et plus caressante ;
elle chassait tous ses soucis, qu'elle gardait pour elle,
et elle arrivait toujours à ramener la sérénité sur ce
front vénéré.

Aussi, était-elle le charme du foyer, et quant à de
rares intervalles, il lui fallait s'éloigner, le vieillard
la rappelait aussitôt comme la force de sa vie !

« Ce bon père, écrit-elle à Maurice, à l'occasion
« de son journal, qu'elle lui cache par une délica-

« tesse d'amour filial, ce bon père aurait peut-être
« quelque souci de ce que je dis, de ce qui me vient
« parfois dans l'âme : un air triste lui semblerait un
« chagrin. Cachons-lui les petits nuages ; il n'est pas
« bon qu'il les voie, et qu'il connaisse autre chose
« de moi que le côté calme et serein. Une fille doit
« être si douce à son père ; nous leur devons être à
« peu près ce que les anges sont à Dieu ! »

La femme excelle à souffrir avec résignation : là
où l'homme parfois succombe, elle résiste ; et debout, sur les ruines de la fortune, ou du bonheur,
elle sait encourager, consoler, et même sourire à
celui qui, plus fort par nature, est souvent plus faible
par le cœur.

Le dévouement d'Eugénie débordait ainsi dans la
famille, et il n'était pas épuisé ; il se répandait encore
sur des amis, sur les petits et les pauvres, sur tout ce
qui avait vie autour d'elle. L'amitié ! ce doux rayon
échappé d'en haut, plus pur et plus fort que les
rayons d'ici-bas, réchauffa le cœur de la noble fille
de sa douce chaleur : elle fut une amie incomparable. « J'ai lu, dit-elle, le bon saint François de
« Sales, au chapitre des amitiés : c'était bien le mien ;
« le cœur cherche toujours sa pâture ; moi, je vivrai
« d'aimer ! »

En retour, elle inspira de grandes affections. Il y
avait en elle un je ne sais quoi qui attirait tout d'abord ; cette sympathie devenait bientôt un sentiment

vif et tendre, que le temps consacrait toujours. On faisait plus que l'aimer, que l'admirer, on la vénérait sans le vouloir, même sans le savoir, elle exerçait une influence souveraine sur tous ceux qui l'approchaient.

Entre toutes ces amitiés, il en est une qui trouva dans le cœur d'Eugénie un écho profond. Elle s'attacha, comme à une autre sœur, à la gracieuse jeune fille qui fut le premier amour de Maurice, et qui inspira sa muse mélancolique à La Chenaie, et là aussi elle souffrit en aimant. Un jour, Louise de Bayne lui manqua; elle mourut sur une terre étrangère; et Eugénie en regardant le ciel put y chercher son angélique amie!...

Une autre noble femme, bien digne aussi de la comprendre, madame Almaury de Maistre, touchait à Eugénie par toutes les délicatesses de l'esprit et du cœur; sa foi seule était moins courageuse. Mademoiselle de Guérin achève d'incliner cette âme vers Dieu; elle lui parle avec douceur, avec force, avec tendresse, avec autorité; elle la domine avec une simplicité merveilleuse.

Toute à tous, Eugénie se crée des affections partout où elle passe; partout sa supériorité se fait jour, en dépit de sa modestie, qui vainement cherche à s'effacer. Elle vient à Paris, l'humble provinciale; elle ne fait qu'une apparition dans le monde délicat de la grande ville, et son mérite y est aussitôt reconnu. Elle fait d'illustres rencontres, et entre toutes, Lacordaire, le grand dominicain, et Lamartine, son poëte le plus aimé. Lacordaire et Lamartine apprécient l'un et l'autre cette âme d'élite.

Eugénie de Guérin, toujours égale dans son dévouement, va des grands aux petits; et dans ce coin de terre du Cayla, la femme se révèle d'une façon plus touchante encore. « J'aime à instruire les en-« fants, dit-elle, à ouvrir ces petites intelligences; à « voir quels parfums sont renfermés dans ces bou-« tons de fleurs. »

Journellement, les pauvres petits paysans d'Andillac viennent au Cayla : la grande cuisine du château se transforme en un oratoire où les anges du ciel doivent s'arrêter, écoutant avec complaisance. Eugénie parle... Elle enseigne le Notre Père, la prière des petits enfants et des vieillards, des ignorants et des savants. Et les enfants balbutient le Notre Père sans le comprendre; mais attendris par cette voix pénétrante, plus douce encore que celle de leurs mères! Eugénie apprend le catéchisme à son petit monde attentif; elle raconte des histoires qui impressionnent ces jeunes cœurs. Et les enfants l'écoutent encore, l'écoutent toujours; ils s'attachent à ses pas; ils voudraient ne la quitter jamais.

Une pauvre fille du village aime Dieu de tout son cœur : mademoiselle de Guérin est saisie de cette foi qui, dans une nature inculte, s'exprime d'une façon à déconcerter la science; elle admire la bonté de Dieu dont la sagesse se révèle aux humbles de la terre, et elle se fait le disciple de la pauvre fille, se recueillant pour entendre sa parole.

Oh! qu'elle était noble aussi cette descendante d'illustres aïeux, lorsque, à toute heure, pénétrant dans de misérables réduits, comme la messagère du ciel, l'ange du pays, elle se penchait sur les grabats des agonisants les plus délaissés, s'efforçait, par des soins ingénieux, d'apaiser leurs souffrances, et les exhortant au courage et à la résignation, les aidait à bien mourir. « Qu'il est aisé, dit-elle, de les conso-« ler, de les résigner à la mort; l'ineffable paix de « leur âme fait envie! »

La généreuse fille, compatissante à tous, n'est sévère que pour elle-même : d'une austérité de vie qui ne se dément pas un seul jour; étrangère aux fêtes et à tous les plaisirs; sans autre passion que celle de l'amour filial et fraternel, de l'amour des petits et des pauvres; on sent dans sa parole, dans son action, et dans toute sa personne, que le souffle de Dieu a passé sur elle, et qu'une main divine la conduit.

Voilà la femme grande et forte de l'Évangile; voilà la chrétienne!... Elle s'est formée dans la famille et dans la solitude. Voilà Eugénie de Guérin, qui descendait jusqu'aux détails les plus vulgaires des travaux domestiques, au point d'en faire souffrir son père; le vieillard ne se souvenait pas toujours que la noblesse, la poésie et l'élévation sont dans l'âme, et qu'elles grandissent tout ce qu'elles touchent.

Et chaque matin, la sainte femme, après avoir prié, recommençait, calme et souriante, sa journée de labeurs, et le soir, en se retrouvant dans l'intimité de son journal, elle écrivait : « J'ai filé ma que-« nouille, et au lieu d'être la femme du dix-sep-« tième siècle, je suis la fille des champs ; et cela me « fait plaisir, me distrait, me détend l'âme : il y a en « moi un côté qui touche aux choses les plus simples, « et s'y plaît infiniment. »

Pourquoi n'ajouterions-nous pas que dans cette femme ainsi humble et grande, on trouve aussi une mère ?

Il est dans la femme un profond besoin d'aimer ; c'est ce qui fait son péril ; c'est aussi ce qui fait sa force. Ce chaste désir de répandre sur une tête aimée le trop plein de son cœur, cette sainte émulation du dévouement, donnent une providence à l'homme, un ange gardien aux vieillards et aux petits enfants. Et, lorsque cet amour, pour ainsi parler, se divinise, il s'étend alors à la grande famille humaine : l'auréole qu'il met au front de la femme inspire le respect et l'admiration Comme son divin modèle, la fille de la charité passe sur la terre en faisant le bien ; elle est la mère, la sœur, l'amie de tout ce qui pleure, souffre, et meurt ici-bas.

Eugénie de Guérin éprouva ce besoin d'aimer ;

elle ne fut pas étrangère aux saints désirs de la vie religieuse ; et c'est pour cela sans doute qu'elle n'a point choisi la part ordinaire des femmes : le mariage. Il y avait en elle un dévouement si pur et si grand, qu'elle ne pouvait pas marcher par les routes battues. Elle voulait, la pieuse fille, toujours s'en aller vers les cieux, sans jamais jeter son ancre sur la terre ; puis, elle sentait que Dieu l'avait attachée au vieux manoir ; et elle se fit la mère de Maurice.

Cette maternité est le côté sublime de son humble vie. Si Lacordaire, qui connaissait bien à fond le cœur humain, a dit : « Dieu a voulu qu'aucun bien ne se fit à l'homme qu'en l'aimant, » combien Eugénie a réalisé cette pensée profonde !

Tout petit enfant, Maurice est l'objet des ses préférences ; et qu'elle et naïve et douce, la plus grande joie de ses jeunes ans ! Elle est dans la garenne, seule avec l'enfant dont elle s'est faite la gardienne ; elle le soutient avec sollicitude. Tout à coup, il s'échappe de ses mains ; il s'élance, et il fait heureusement ses premiers pas !.... Eugénie, saisie d'abord, palpitante de bonheur, prend Maurice dans ses bras, et le portant à sa mère, elle s'écrie avec orgueil et ravissement : Mère, il a marché !

Quelques années s'écoulèrent ; et un jour, triste jour ! dans ce nid solitaire, où les joies de la famille suffisaient au bonheur ; au milieu des sourires et des rêves d'avenir ; la foudre s'abattit ; elle frappa l'ange du foyer, la mère de ces joyeux enfants ; elle l'arracha aux caresses de son dernier né. C'est alors, dans les angoisses d'une double agonie, que le regard de la mourante s'arrêta sur ce fils, plus orphelin que les autres ; qui devait grandir sans l'amour de sa mère, comme une plante sans soleil. Et comme si elle avait puisé dans ce déchirement une inspiration soudaine, elle appelle Eugénie ; et pressentant le grand cœur de cette petite fille de treize ans, elle lui, lègue d'être la mère du frêle enfant.

Cette parole solennelle, ce dernier vœu, Eugénie le recueillit, et désormais sa mission en ce monde fut arrêtée, sa route fut tracée ; elle se fit mère. C'était sa vocation ; l'appel suprême d'une mourante bien-aimée le lui avait révélé. Dieu la revêtait de ce sacerdoce mystérieux, il lui confiait une âme, une vie !... Voilà pourquoi, sans doute, il avait mis dans son cœur un amour si tendre, si généreux, si pur ; affamé d'abnégation, de sacrifices, et plus fort que toutes les douleurs ! Cette donation touchante de la pauvre mère, Dieu la bénit dans sa bonté. Une mère ne se remplace pas ; tous ceux qui ont senti ce vide affreux se faire dans leur cœur, l'ont tristement éprouvé. La vie du dernier venu au Cayla devait se composer de pauvreté, de souffrances et d'amertumes : elle devait être brisée à l'heure de la floraison : pour la soutenir, en attendant, Dieu lui fit une seconde mère !

Maurice répondit pleinement à cet amour incomparable ; et quand, exilé du manoir, il se trouva seul et triste au petit séminaire de Toulouse, Eugénie lui manqua ; et il lui écrivait avec une naïveté charmante : « Je voudrais bien qu'il fût possible d'avoir une sœur au séminaire. » Puis, quand les vacances le ramenèrent au château, Eugénie se fit sa compagne et sa confidente. Les endroits les plus déserts étaient pour eux les préférés. Maurice a chanté, dans une de ses poésies familières, cette douce intimité ; mais qui pourrait dire tout ce que les ombrages et le ruisseau du Cayla ont entendu durant ces heures charmées ?

Maurice vient à Paris terminer ses études ; il connaît le triste mal de l'ennui au collége Stanislas. Mademoiselle de Guérin le soutient ; elle l'encourage. Et plus tard, quand il va à la Chenaie, en Bretagne, demander à Monsieur de Lamennais un asile dans l'Etablissement d'Etudes religieuses qu'il avait fondé, elle éprouve des appréhensions que l'avenir, hélas, a trop justifiées !

M. de Lamennais était un de ces hommes qui, par l'éclat de la puissance du talent, séduisent tout un siècle, et fascinent surtout l'esprit impressionnable de la jeunesse. Avec les qualités élevées de sa nature, Maurice devait être plus facilement attiré vers cet homme de génie, dont l'esprit emporté par sa propre grandeur, ne voulait plus accepter de frein. L'excès de sa force poussait M. de Lamennais aux aventures de la pensée, et une confiance aveugle en lui-même, fruit de l'enivrement de la gloire, l'entraîna à des audaces dont le souvenir fait encore frémir aujourd'hui. S'attaquant à tout et à tous dans le monde social et religieux, il perdit un à un tous ses disciples et tous ses amis ; et il finit par se trouver seul, ne laissant que des ombres sur toute sa gloire.

Eugénie, avec la divination que Dieu a donnée à la mère, comprit et le prestige et le péril ; elle trembla pour Maurice. « Quel malheur, lui écrit-elle, pauvre « Maurice, que tu sois sous l'influence de ce génie « dévoyé. »

Le jeune homme retourne à Paris ; un instant il oublie son ange gardien du Cayla. Prodigue d'un jour, il s'abandonne au flot qui l'entraîne ; la foi s'obscurcit dans sa belle intelligence ; il oublie le Dieu de son enfance. Eugénie ne sait rien ; mais elle pressent tout. Avec une merveilleuse intuition, elle devine tout ce qu'il y a dans le silence, tout ce que ne disent pas les lettres embarrassées du cher absent. Et aussi, avec la sainte indulgence des mères, elle se fait la main plus douce, la voix plus tendre pour toucher et guérir cette âme malade. Elle multiplie ses lettres et son journal. « O mon ami, que n'as-tu recours à la « prière, que ne te fais-tu soulever par quelque chose « de céleste ! Ton âme est malade ; je sais ce qui « pourrait la guérir, ou du moins la soulager ; tu me

« comprènds, c'est de la faire redevenir chrétienne,
« de la faire vivre à la foi, de l'établir enfin dans un
« état conforme à la nature. Que t'en coûterait-il de
« prier comme un bon enfant du bon Dieu ?... »

Cette phase de la vie de Maurice trace dans le
cœur d'Eugénie un sillon de souffrances, que la mort
même du pauvre enfant ne peut pas effacer : « J'avais
« mis tout en toi, lui écrit-elle par delà la tombe,
« comme une mère en son fils ; j'étais moins sœur
« que mère ! Te souviens-tu que je me comparais à
« Monique pleurant son Augustin, quand je parlais
« de mon affection pour ton âme, cette chère âme
« dans l'erreur. Un saint prêtre me disait : « Il revien-
« dra ; » oh ! oui, il est revenu, et puis il m'a quittée
« pour le ciel..... pour le ciel, j'espère !..... »

La muse avait fait à Maurice un don funeste à un
certain point de vue ; elle l'avait assez visité pour lui
faire rêver ou entrevoir un idéal de génie et de
gloire, sans lui donner ces ailes qui emportent l'esprit, et le font approcher du but radieux, que n'at-
teignent jamais entièrement, ni le poëte, ni l'artiste,
quelle que soit la puissance de leur regard. Séduit,
comme tant d'autres, par les illusions de la gloire,
Maurice rêva de bonne heure une de ces œuvres qui
vouent un homme à la célébrité ; mais il avait trop le
sentiment de son insuffisance pour une telle créa-
tion. Ses rêves impuissants, et une trop grande dé-
fiance de soi-même, signe à la fois d'élévation et de

faiblesse, furent la cause de toutes ses douleurs et le poison de sa vie.

Eugénie comprit tout ce qu'il y avait de grand dans ce but; elle était fière pour son jeune frère qu'il y aspirât, et combien elle eût été heureuse s'il avait pu l'atteindre ! Confidente de ses luttes amères, elle s'associait à toutes ses émotions : découragements, espérances, tristesses, joies, la sœur de Maurice vivait de la vie du jeune poëte, le suivant avec son cœur partout et toujours. Éloigné du manoir paternel, perdu dans ce grand Paris, où l'isolement au milieu de la foule est une si dure épreuve, Maurice sent qu'il n'est pas seul, qu'une chère compagne combat et souffre avec lui, qu'elle compatit à toutes ses faiblesses sans se plaindre ni se lasser jamais. L'image d'Eugénie occupe la place la plus aimée de sa mansarde ; un regard fixé sur ce doux visage tempère les ardeurs de sa nature, apaise les orages intérieurs, ramène le calme et la sérénité. Ainsi tous deux, ils étaient tout l'un pour l'autre. Frère et sœur par l'intelligence, leurs âmes se touchaient et se répondaient par les côtés les plus purs et les plus élevés : « Nous « nous rencontrons partout, écrit Eugénie, comme « les deux yeux. Ce que tu vois beau, je le vois beau; « le bon Dieu nous a fait une partie d'âme bien res- « semblante à nous deux. » Et comme deux fleurs délicates sorties de la même tige, ils donnaient et confondaient leurs parfums : l'un joignait à la sensibilité d'une femme un mélange d'ambition, l'autre était toute formée d'abnégation, de tendresse et de dévouement.

Une heure vint, où l'affection d'Eugénie pour Maurice fut mise à une épreuve délicate; il songea au mariage, et choisit une jeune et belle créole, orpheline venue de Calcutta et fixée à Paris avec une tante depuis plusieurs années. A ce moment de la vie du jeune homme, la mère échappe rarement à la tentation d'un sentiment exclusif, injuste aux yeux de la raison, excusable à ceux du cœur, parce c'est la faiblesse d'un grand amour. Trop souvent elle y succombe, et alors elle ne se résigne qu'avec amertume au partage d'un cœur, ou elle se croit amoindrie de toute l'affection qui est donnée à une autre. Mademoiselle de Guérin ne pouvait pas connaître cette faiblesse; son amour pur et fort prenait sa source trop haut pour être atteint par une défaillance, cette défaillance n'eût-elle que l'ombre de l'égoïsme.

Avec cette simplicité qui lui est naturelle, elle s'efface doucement, elle grossit la part de la jeune Indienne de sa propre part; et, avec une délicatesse charmante, elle la met en relief, elle la fait adopter au Cayla comme un autre enfant du foyer. Que lui faut-il à l'héroïque fille?... Que Maurice soit aimé, que son talent se fasse jour, qu'il soit heureux! et sa vie sera remplie, et dans l'ombre de sa solitude austère, elle bénira Dieu avec toute la ferveur de sa grande âme.

Cette paix, **en** échange de tant d'abnégation et de dévouement, fut, hélas ! bientôt troublée par la perte de celui-là même pour lequel elle avait tout sacrifié en ce monde. Maurice, huit mois après avoir épousé Caroline de Gervain, succomba à la maladie de poitrine dont il portait le germe depuis l'enfance. Eugénie, venue à Paris pour le mariage, voit tomber l'une après l'autre toutes ses espérances pour le cher couple ; elle suit avec terreur les progrès de ce mal, mal terrible, qui écrit tous les jours sur le visage de la victime les signes certains d'une destruction prochaine. Maurice se meurt, et elle est là, jour et nuit, sans repos ni trêve, épiant un regard, un mouvement, un soupir, devinant ses moindres désirs, soutenant le courage de sa jeune femme. Ensemble elles le ramènent au Cayla : un instant l'air du pays le ranime, il croit ressaisir la vie, et il se rattache à l'espérance ! C'est la dernière lueur de la lampe qui s'éteint. La mère-sœur n'a retrouvé le fils de sa tendresse que pour le perdre sans retour !.....

Le vieux manoir est dans le deuil... Maurice repose sous le gazon du cimetière d'Andillac... La mission d'Eugénie de Guérin si persévéramment remplie est achevée. Elle a fini, comme tout ce qui est beau, noble et grand : par le sacrifice ! Cette épreuve, sans doute, était digne de son âme, puisque Dieu qui épargne les faibles, la lui imposait, ne la jugeant pas au-dessus de son courage.

Et cependant, la pauvre fille, comme un corps sans âme, erre du manoir à la fraîche tombe. Plus de repos, plus de but à sa vie !... Un moment le ciel se voile ; mais ce n'est pas pour longtemps, la foi, cette grande force du chrétien, déchire le nuage que le désespoir avait formé. Eugénie pleure ; elle prie... Et pour remplir ce grand vide, comme elle le dit elle-même, il ne lui faut rien moins que Dieu !... C'est ainsi que, jusque dans les larmes et les gémissements que la douleur arrache à la nature, elle s'élève au-dessus de la terre !

Le calme venu, la solitaire du Cayla sent qu'avec le lien des âmes, un lien encore peut la rattacher au cher regretté. Elle reprend alors son journal ; elle dit tout ce qu'elle pense, tout ce qu'elle fait à Maurice mort, à Maurice au ciel ! Ces pages, désormais toutes remplies des cris de son amour et de son deuil, seront la flamme bénie qui toujours brûlera en mémoire de l'âme envolée ! « Non, mon ami, non la mort ne « nous séparera pas, ne t'ôtera pas de ma pensée ; la « mort ne sépare que le corps ; l'âme au lieu d'être « là, est au ciel ; et ce changement de demeure n'ôte « rien à ses affections ; bien loin de là, j'espère : on « aime mieux au ciel où tout se divinise ! »

## II

Que dirons nous maintenant de l'écrivain ?

Un caractère saillant des grands écrivains, c'est d'être eux-mêmes ; non-seulement la pensée leur appartient ; mais ils n'empruntent à personne des couleurs pour la peindre. Si vulgaires parfois que puissent paraître les vérités qu'ils expriment ; ils savent les revêtir d'une forme particulière, brillante ou naïve, toujours neuve, frappante, originale.

Au point de vue de l'originalité, le talent d'Eugénie de Guérin est extrêmement remarquable. Les sentiments qu'elle exprime sont naturels ; ils viennent du plus profond d'elle-même, et ils en portent le touchant cachet ; son journal a des accents qui vibrent au fond de l'âme. On partage tour à tour et comme à son insu, les impressions douces, tristes, élevées, profondes, qu'elle a ressenties elle-même. On se sent ému, entraîné, et l'on s'attache à cette noble figure, qui fait toucher tant de fois l'idéal que nous rêvons tous. Il y a du merveilleux dans cette humble vie : la solitaire du Cayla est enfermée dans un étroit horizon, et elle donne à ses pensées quelque chose de l'infini. Rien ne la soulève ; tout semble fait au contraire pour retenir et comprimer ses élans ; et elle monte, monte toujours !... Et du terre à terre où elle prend son essor, elle arrive à des sommets, où elle entrevoit de radieuses clartés.

En louant dans Mademoiselle de Guérin la supériorité d'un talent qui s'est ignoré lui-même, le souvenir de la supériorité d'une autre femme vient naturellement à l'esprit : Madame de Sévigné, elle aussi, a puisé son talent dans son cœur ; et ne s'inspirant que de son affection de mère, elle a écrit pour sa fille, sans songer à autre chose qu'à jeter son âme dans une autre âme. C'est ce qui fait le charme de sa correspondance ; on ne sent nulle part l'écrivain ; c'est partout la mère !... Sans doute cette mère en révélant son cœur ne peut pas cacher son génie ; mais ce génie a d'autant plus d'attrait, qu'il ne semble pas se douter de lui-même, et qu'il donne spontanément et sans effort, son éclat, comme la lumière donne le sien.

C'est là aussi le grand mérite d'Eugénie de Guérin. Comme l'illustre marquise, elle a écrit avec son cœur pour Maurice ou pour elle-même, sans penser à un public dont elle se croit pour toujours ignorée ; elle ne songe pas à la renommée, elle veut seulement s'exprimer, dire son cœur ; moins encore pour y chercher la consolation d'un écho que pour réchauffer, rendre fort un autre cœur tendrement chéri et livré loin d'elle aux influences de la solitude, du découragement et de la souffrance... Eugénie, sous le rapport purement littéraire, est inférieure à Madame de Sévigné; elle n'a de celle-ci, ni la vivacité du trait, ni la verve, ni l'entrain soutenu, ni surtout l'élégance peut-être un peu raffinée jusque dans son naturel; dans la rigueur du terme, elle est moins un écrivain. En retour, par combien de côtés elle égale sa devancière!... Elle est naturelle, autant qu'il est possible de l'être; et dans ce naturel, quelle grâce, même jusque dans ses négligences! Quelle délicatesse de pensées et de sentiments! Quelle élévation parfois, quelle distinction toujours! Son naturel l'emporte même en quelque sorte sur celui de Madame de Sévigné; il pourrait s'appeler de la naïveté. La marquise est la meilleure des mères, mais elle reste excellemment la femme du monde et du plus grand monde. Il y a, et l'on sent dans son style l'influence de Versailles, de la cour et des lettrés du grand siècle; elle vit trop au milieu du bruit et en emporte des éclats jusque dans la solitude : c'est là peut-être le côté faible de cette femme illustre. Ainsi elle est moins elle-même, et son âme ne se révèle pas autant dans ce commerce qui la divise, pour la donner à tous. Il lui a manqué ce que Châteaubriand a justement regretté pour Racine : de vivre dans la solitude; comme lui, elle est trop éloignée des champs et de la nature.

Eugénie de Guérin a eu cet avantage sur Madame de Sévigné, qu'elle n'a fait que traverser le monde, et qu'elle a passé la meilleure partie de sa vie dans la retraite, seule en face de ces deux mondes qu'elle sent si bien et qu'elle décrit si bien ; autour d'elle le monde de la nature, au dedans d'elle-même le monde intime de son propre cœur.

C'est dans la solitude que sa sensibilité s'est développée jusqu'à cette délicatesse exquise qui fait les vrais poëtes. Mademoiselle de Guérin était dans toute la force de l'expression l'enfant de la nature. Dieu et la nature l'avaient enseignée, et à cette sublime école elle avait puisé le sentiment du beau. Sans doute elle lit Leibnitz, Bossuet, Lamartine et Victor Hugo ; mais son livre par excellence c'est l'humble église d'Andillac, si grave, si solennelle dans sa pauvreté ! Son livre encore, c'est le brin d'herbe, le bruit du vent, le murmure du ruisseau, le bois silencieux, le clair de lune, le chant du rossignol ; son inspiration, c'est Dieu, parlant par toutes les voix de la nature.

La solitude était de la sorte un bienfait pour mademoiselle de Guérin, ou plutôt la solitude n'existait pas ; pour elle, le désert s'animait, et il avait des harmonies et des sons que son âme entendait avec des ravissements ineffables. « Je suis, dit-elle, comme le « fraisier de Bernardin de Saint-Pierre, dont l'étude « suffirait au plus savant naturaliste, par les rapports « de cette plante avec tous les règnes de la nature. « Je suis ainsi en rapport avec la terre, avec l'air, « avec le ciel, avec les oiseaux, avec tant de choses « visibles et invisibles que je n'aurais jamais fini si je « me mettais à décrire. » Ainsi elle pense, et elle écrit dans son Journal, où elle se révèle tout entière, et qui n'est qu'un entretien non interrompu, tantôt avec la nature, tantôt et surtout avec elle-même.

A cet art merveilleux d'observation et d'analyse, elle ajoute celui de rendre par le langage les idées les plus intimes, les images les plus fugitives, les sentiments les plus délicats de la vie intérieure. La puissance et le charme de son talent d'écrivain sont là tout entiers. Et, avec cette nature impressionnable, ce talent n'a rien de ce sentimentalisme amolli, qui trahit une âme plutôt malade que sensible, et se nourrit de rêves stériles ; tout au contraire, il est fort noble, chrétien avant tout. Voilà pourquoi il lui est si facile de descendre des plus hautes contemplations aux simples devoirs de la vie réelle, sachant, comme le lapidaire habile, trouver le diamant sous la pierre ; le vrai, le beau, l'idéal, lui apparaissaient au fond de toutes choses.

Mademoiselle de Guérin, avec sa grande modestie, était trop vraie pour ne pas avoir en quelque manière conscience de son talent ; parfois elle disait, comme André Chénier, avec une touchante simplicité, en portant la main à son front : « J'ai quelque chose là ! » C'est ce qui lui donna la pensée d'écrire les *Enfantines*. Monsieur Xavier de Maistre l'encouragea de la façon la plus flatteuse ; et sa parole fut pour elle une autorité puissante. Et néanmoins, elle ne les a pas écrites, ces *Enfantines*, rêvées et conçues par un cœur qui avait si bien compris la maternité ! Un je ne sais quoi, que toute femme porte en soi, retint longtemps sa plume , et la timide fille resta dans l'ombre ; mais ce ne fut pas sans hésiter qu'elle contint sa muse, et si la mort n'était venue glacer cette belle intelligence, elle aurait publié les *Enfantines*. L'amour filial l'aurait décidée à laisser voir sa poésie, l'espoir d'apporter un peu d'aisance au pauvre foyer, et de rendre plus doux les derniers jours de son vieux père serait parvenu à vaincre sa modestie.

Ce noble rêve ne s'est pas réalisé ; Eugénie de Guérin n'a rien fait pour le monde ; mais en écrivant son Journal, elle a laissé la plus belle œuvre que sa grande âme ait pu concevoir. Et Dieu n'a pas permis qu'à la dernière heure de sa vie l'humble vœu qu'elle avait exprimé (la recommandation de brûler son Journal) se soit accompli ; elle a eu le mérite de ce dernier sacrifice ; mais la tendresse de sa sœur Marie nous a conservé ces pages qui la font revivre.

En considérant Eugénie de Guérin comme femme et comme écrivain, une chose frappe particulièrement l'esprit : le sacrifice se détache dans cette noble existence, comme une étoile plus radieuse que les autres brille par une belle nuit dans un ciel limpide.

Le sacrifice !... Dieu l'a répandu à profusion sur tous les chemins de la vie ; il n'y a rien de bon, de vrai, de fort, qui ne s'écrive dans le cœur par une souffrance ; cet arome conserve tout ce qui doit vivre ici-bas. Eugénie accepta le sacrifice avec courage. Comme Maurice, et comme toutes les âmes douées d'une sensibilité exquise ou éprouvées par l'isolement du cœur, elle ressent cette mélancolie douce et tendre qui attire et qui pénètre.

La mélancolie ! A quelle époque a-t-on plus profané ce mot qu'à la nôtre ? Les romanciers de notre temps en ont fait un sentiment malheureux, lâche et même coupable ; c'est la mauvaise tristesse des cœurs sans foi.

La mélancolie d'Eugénie est d'une autre nature ; elle vient d'un cœur profondément religieux ; sa tristesse est la vraie tristesse de l'âme : la nostalgie du ciel, comme a dit une voix aussi éloquente que chrétienne. La mélancolie de nos romanciers, c'est la défaillance de l'âme, ne pouvant se rassasier du fini, et ne se lassant pas de le poursuivre ; la mélancolie d'Eugénie vient d'une source plus noble : c'est le sentiment douloureux de l'exil, la tristesse d'une âme qui trouve trop long son pèlerinage en ce monde.

Ainsi, mélancolique par nature, la courageuse fille se montre sereine et joyeuse par dévouement. Forte et ferme, elle se tient calme et résignée sous la main de Dieu, endormant toujours dans une pensée de foi les chers souvenirs qui voulaient parler, les regrets qui voulaient pleurer. Elle savait, la sœur de Maurice, que le bonheur est une fleur de chemin qu'on regarde et qui n'est plus. Elle n'essaya point de la cueillir.

Les existences à qui Dieu donne le génie sont rarement heureuses. Pour prendre un exemple à côté de Mademoiselle de Guérin, M. de Maistre, heureux, n'eût peut-être pas été M. de Maistre! Seul à Saint-Pétersbourg, ambassadeur d'un roi dépossédé, pauvre, exilé, aimant son pays à travers cinq cents lieues, son caractère a été noble et vaillant comme son talent. S'il y a dans tout homme une étincelle de génie, on pourrait peut-être dire que cette étincelle s'allume le plus souvent au souffle de l'adversité.

« Que l'on soit homme ou Dieu, tout génie est martyr! »

Et maintenant, grâces soient rendues à cette illustre Académie qui a eu l'heureuse pensée de faire louer Eugénie de Guérin. Il est peu d'études qui justifient mieux la moralité de ces prix gracieux : le contact de la pensée avec une belle âme laisse dans le cœur un parfum de vertu suave et de douces émotions, qui l'attirent vers les sentiments élevés, les hautes aspirations, et allument en lui la flamme d'un pur enthousiasme.

Telles sont les impressions qui naissent dans l'âme devant les pages d'Eugénie de Guérin. De temps à autre, une vie comme la sienne est montrée au monde, l'obscurité qui la voile s'éclaire tout à coup, afin peut-être que ceux qui traversent de pareilles épreuves n'oublient pas que Dieu leur réserve des trésors de force qui triomphent de tout, afin encore que si quelqu'un était tenté de douter de la vertu, son âme pût se reposer sur ces douces figures de chrétiennes dont la vertu fit la beauté, la force et la paix !

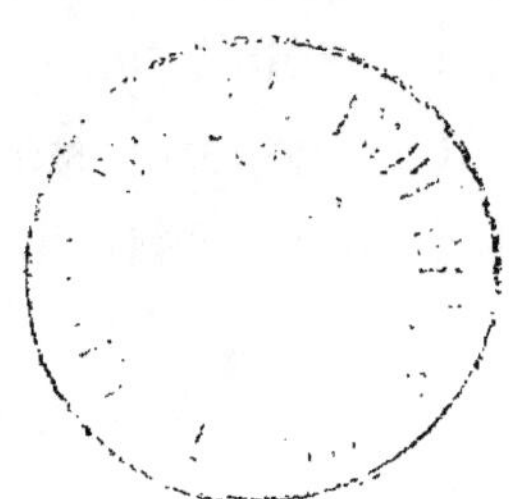

www.ingramcontent.com/pod-product-compliance
Lightning Source LLC
Chambersburg PA
CBHW061710060726
47597CB00006B/2288